Investir Intelligemment
Acheter Ses Cryptos

PAR JACK K. AKA CRYPTO ANGEL

SOMMAIRE

CHAPITRE 1

Les bases de la Crypto

"Le peuple reçoit la religion, les lois, comme la monnaie, sans l'examiner."Voltaire

Une explication des bases de la crypto ne sauraient commencer par une explication des bases de la monnaie.

Nous n'allons cependant remonter qu'à l'age d'or, à l'époque, l'or était une monnaie d'échange car sa valeur était un fait incontestable de part sa rareté et son utilité.
Le peuple avait alors confiance en cette monnaie, il savait qu'il pourrait l'échanger contre n'importe quelle denrée, et ce dans n'importe quel coin du village, du pays, ou du monde.
Les pièces sont ainsi nées, le premier peuple à frapper son or fut les Lydiens autour de -600 AV JC environ, mais nous n'entrerons pas dans les détails des différents frappeurs d'or à travers les générations et de la composition des différentes pièces.
L'or est née car il était bien plus simple de s'échanger de l'or que de s'échanger des denrées périssables, moins lourde et plus facilement transportable.

De plus en plus de personnes avaient alors un stock assez conséquent d'or et il devenait alors compliqué pour certain de le stocker chez eux sans prendre le risque d'être volé ou cambriolé.
Un jour un homme a alors imaginé qu'il pourrait créer un endroit sécurisé pour stocker l'épargne en or des plus riches, en créant également des bons d'or (premiers billets adossés à l'or) à leur distribuer correspondant au montant en or qu'ils avaient déposés.

Mais un jour le peuple se rendit compte que le nombre de bons (billets) en circulation ne pouvait pas refléter le stock réel d'or que le "banquier"prétendait avoir en stock.

Ils sont donc tous allés récupérer leur or en voulant y échanger leurs billets contre leur or, mais on vu qu'en effet, ce banquier avait créé bien plus de papiers que ce qu'il possédait réellement en or en coffre.

Le papier était donc devenu sans valeur puisqu'il n'était plus adossé à la quantité d'or stockée.

Aujourd'hui, bien que l'économie paraisse compliquée, elle n'est pas si complexe à saisir. Si il y a quelque dizaines d'années les billets imprimés était bien adossés à de l'or, ce n'est plus du tout le cas aujourd'hui.

Cela fait bien longtemps que la valeur du papier imprimé ne dépend que de la confiance attribué par les utilisateurs de ce papier.

Si demain tout le monde échange ce papier contre quelque chose de concret comme de l'or ou autre métal précieux ou tout autre service, ils s'apercevrait comme plusieurs centaines d'années auparavant qu'une énorme quantité de papier ne sert à rien et qu'il a été imprimé massivement.

La dernière crise économique de 2008 fit naitre le Bitcoin, les banques se devaient de "récupérer", tout en respectant le contrat signé par le client (et les directives Européennes), "au courant" qu'en cas de crise économique ses fonds ne lui appartiendrai plus. Les épargnes ont alors servies à tenter de réparer les pots cassés.

C'est alors qu'une entité nommé Satoshi Nakamoto, aujourd'hui encore anonyme (qui pourrait être 1 personne ou groupement de personnes), a imaginé un système de paiement à l'image de l'or, mais de manière numérique, une valeur qui aurait un nombre limité d'unités en circulation, distribuée par un algorithme informatique.

Nous ne rentrerons pas dans le détail du protocole Bitcoin mais il est important de connaitre ces 5 caractéristiques qui en font de l'or numérique

1- Nombre limité de 21.000.000 de BTC en circulation.

2- Si 1KG d'or est égal à 1000g , 1BTC peut être divisé en 10.000.000 de Satoshis de manière à pouvoir être facilement échangeable.

3- Le BTC doit être "miné" par de la puissance de calcul informatique, afin d'être produit et mis en circulation sur les portefeuille des mineurs (personne mettant a disposition leur puissance de calcul informatique).

4- Le BTC est infalsifiable, et dispose d'un registre immuable et consultable par tous afin de tracer toutes transactions, mis à jour après chaque bloc de transaction (registre alors appelé "Blockchain").

5- Sa valeur est échangeable partout dans le monde et facilement transportable.

6- Personne ne peut stopper sa création, sa force est que n'importe qui dans le monde peut miner de manière anonyme et récolter sa part de Bitcoin.

L'utilisation :

Maintenant que vous connaissez les particularités du Bitcoin, vous devez sans doute vous demander à quoi sert il à part être une réserve de valeur. Et bien aujourd'hui, il y a en plus des investisseurs beaucoup d'utilisateurs à travers le monde.

Non seulement le Bitcoin à une réelle valeur en constante augmentation, mais vous pouvez également l'échanger contre des biens et services partout à travers le monde.

Il existe dans beaucoup de pays des distributeurs de cash vous permettant d'envoyer des Bitcoins, depuis votre portefeuille (application mobile) vers l'adresse fournie par ce distributeur, afin de récupérer la somme en cash en quelques secondes.

Vous pourrez également trouver différents commerçants acceptant le Bitcoin. Ces commerçants ont alors la possibilité d'échanger ces Bitcoins instantanément en devise locale, ou de les conserver puis de les échanger en fin de mois contre leur devise locale afin de les intégrer à leur comptabilité. Certains d'entre eux conservent également ces Bitcoins pour payer leur fournisseurs.

De nombreux utilisateurs de Bitcoin utilise ce dernier afin de transférer de l'argent dans n'importe quel pays instantanément à de moindre frais (à l'image d'un mandat cash postal, western union ou virement bancaire en plus rapide et moins couteux) et sans aucune autorisation tierce nécessaire. En effet, si une banque peut refuser un virement d'un certain montant, le Bitcoin lui, se transmet sans aucune entité tierce car il part directement du portefeuille du détenteur pour arriver instantanément sur le portefeuille du destinataire. Sachez que lors d'un paiement par carte, votre banque est interrogée et valide ou non le paiement. Dans le cas du Bitcoin, la transaction se valide automatiquement si le portefeuille du détenteur détient bien la quantité de Bitcoin envoyée.

Le Bitcoin avait plutôt mauvaise réputation il y a encore quelques années, en effet, il était considéré comme l'argent servant au "crime", ce qui aujourd'hui est totalement discrédité car les statistiques montre clairement que les monnaies les plus utilisées à des fins criminelles restent l'argent FIAT (monnaies fiduciaire ou gouvernementales telles l'Euro ou le Dollar).

Son stockage :

Afin de stocker vos Bitcoins, vous aurez besoin d'un "portefeuille", aussi appelé "wallet", c'est un logiciel simple d'utilisation, à l'image de votre application bancaire, où vous pourrez avoir accès à votre adresse Bitcoin (ou tout autres cryptos), soit l'équivalent de votre "RIB". Vous pourrez alors désormais recevoir du Bitcoin, mais également en envoyer en rentrant l'adresse du destinataire et le montant à lui envoyer.

Différents types de stockage existent et la sécurité de vos fonds dépend de plusieurs facteurs, l'aspect sécurité est très important afin d'investir de manière sereine sur du court, moyen ou long terme, le livre "Sécuriser Ses Cryptos" détail tout cela et je vous encourage à vous le procurer avant de vous lancer dans quelconque investissement.

Une fois stocké, vous êtes le SEUL détenteur de ces fonds, et vous aurez TOUJOURS accès à ces fonds quoi qu'il arrive, si vous respecté les règles de sécurité afférant à son stockage.

Sa volatilité :

Vous avez sans doute entendu parler de la "volatilité du prix du Bitcoin". En effet, le prix du Bitcoin est très volatile, il peut prendre 100% de sa valeur pour perdre ensuite 80%, mais il faut savoir que depuis sa création, peut importe le moment auquel vous l'avez acheté, vous auriez gagné en valeur, en effet, le Bitcoin ne valait que 0.02$ lors de son premier échange, puis est monté en 2021 jusqu'à plus de 57.000$. Entre temps, il a connu aussi bien de grosses montés comme de grosses chutes, tout en restant montant sur du moyen terme. Le graphique ci dessous pourra vous éclairer sur son prix au fil des années :

Comme vous pouvez le constater, 1 Bitcoin entier acheté en Décembre 2016 valait 760 Dollars, à été multiplié par 25 en Décembre 2017 pour valoir 19000 Dollars, puis divisé par 6 en Décembre 2019 le faisant alors chuter à 3000 Dollars, puis multiplié par 12 en Décembre 2020 le propulsant à 38000 Dollar et enfin 57500 Dollars en Février 2021.

Concrètement, si vous aviez investi 760 dollar en Décembre 2016, vous auriez alors eut 1 Bitcoin entier et aurait eut 57000 Dollars en Février 2021.

Comme dit précédemment, rien ne vous oblige à acheter un Bitcoin entier, car, à l'image de l'or, il est divisible, vous pouvez donc tout à fait acheter pour 7.6 Dollars (ou euro peut importe la devise) et vous auriez reçu, pour cette somme, 0.01BTC (en décembre 2016), soit l'équivalent de 575 Dollars en Février 2021.

Ces petits calculs non pas pour vous faire perdre la tête mais pour vous montrer à quel point le Bitcoin devient de plus en plus adopté car le tarif augmente, la demande étant de plus en plus forte comparée au nombre total de Bitcoins en circulation..

Les détracteurs :
Le Bitcoin n'étant pas "contrôlable" et étant considéré comme l'argent du peuple, il ne plait pas aux gouvernement, qui n'ont alors plus la main sur les transactions de leur peuple, et ne peuvent ni saisir cette valeur, ni la contrôler, ni la faire disparaitre.
Cette valeur est selon eux une monnaie basée sur rien, or il s'impose bel et bien comme, d'une part, l'investissement le plus rentable de l'histoire, mais également comme une valeur refuge adopté par de plus en plus d'institutions de renommées.
Les grands institutionnels et les personnes ayant beaucoup d'argent et le pouvoir d'acheter des médias et de la contre pub se font alors un réel plaisir d'investir dans la désinformation afin qu'un maximum d'investisseurs revendent leur Bitcoins afin de faire chuter le prix.
En effet, si de gros médias font de la contre pub, les ventes massives feront chuter le prix de manière conséquente, sera alors le moment pour les gros investisseurs de s'emparer d'un maximum de Bitcoin à prix bas.
Nous parlons alors d'une monnaie régit par la confiance du peuple, tant que le peuple croit en sa valeur et conserve ses Bitcoins, alors moins les gros institutionnels ne pourront acheter de Bitcoins et donc controler le marché.

LES Cryptos :

A l'image des métaux précieux, il existe aujourd'hui plusieurs types de cryptos avec diverses fonctionnalités, tout comme les sites internet.En effet, si investir sur une société comme lycos dans les années 90 s'avérait fructueux, il était encore plus intéressant d'investir sur Google à la vue de son développement.

C'est là où ont commencés à emmerger de nouvelles cryptos, comme Ethereum ou Litecoin par exemple.

Le Litecoin est plutôt considéré comme l'argent des cryptomonnaies, car il y a plus de Litecoins en circulation que de Bitcoins, les transactions étant plus rapide et moins couteuse que pour le Bitcoin.

L'Ethereum est quand à lui considéré comme le "pétrole" des cryptos monnaies.

En restant dans les analogies (bien plus simple à saisir que des termes techniques) l'Ethereum sert, quant à lui, à créer des applications régies par des contrats intelligents, en vue d'effectuer des transactions sous conditions. Prenons l'exemple d'une assurance qui souhaiterai créer une automatisation de remboursements de ses clients assurant un remboursement du billet d'avion si ce dernier venait à décoller en retard.

L'application créée sur le réseau Ethereum servirai alors à récupérer les données client et du tour opérator, le client ayant souscrit à l'assurance serait alors immédiatement remboursé de son billet d'avion si le contrat intelligent (appelé smart contract) venait à détecter que l'avion n'a pas décollé à l'heure et que tous les clients ayant souscris doivent être dédommagés.

Cela peut être difficile à saisir, mais encore une fois, imaginez que vous n'ayez plus besoin d'un opérateur vérifiant que tel client a bien souscrit au contrat, que l'avion à bien décollé en retard, et qu'il faut alors rembourser manuellement chaque client. C'est un gain considérable de temps et une efficacité immense car tout est automatisé et instantané.

Je vous invite à approfondir votre savoir sur l'Ethereum (qui a aujourd'hui également des concurrents) qui a un protocol des plus intéressant car ouvre la porte à d'énormes changements en terme de management de contrats.

Il est très important de savoir que chaque contrat qui s'exécute, chaque transactions, est a payer avec de l'Ethereum. C'est pourquoi nous l'appelons le pétrole des cryptomonnaies.

C'est comme si Total créait des véhicules en plus de vendre de l'escence. Chaque véhicule aurait alors une certaine utilité et serait obligés de se réapprovisionner en Escence flattant ainsi l'écosystème Total.

Les cryptos ne se limitent pas uniquement à 3, il y en a des milliers, comme il existent des milliers de sites internet proposant tous des fonctionnalités différentes.

CHAPITRE 2

Pourquoi Acheter?

Millionnaire, visionnaire ou utilisateur ?

Si la crypto en fait rêver plus d'un car énormément de gens sont devenus millionnaires suite à leur acquisition, elle suscite de plus en plus d'intérêt de la part de ses consommateur et utilisateurs.

Nous arrivons à une tournure économique ou le peuple sent qu'il est de plus en plus l'esclave moderne d'un système bancale.
A quoi bon épargner des monnaies fiduciaires (monnaies étatiques, euro, dollar etc..) si ces dernières ne rapporte d'intérêt qu'aux autres.
En effet, pourquoi prêter ses fonds à une banque qui va alors faire fructifier votre argent mais vous reverser qu'une partie infime d'intérets alors que vous êtes à l'origine de leur pouvoir d'investissement.
Vous gagnez 1% par an d'intérêt, mais subissez une inflation l'année suivante, délaissant quelconque moyen de s'enrichir.

Il est donc intéressant de trouver de nouvelles valeurs refuges, les métaux précieux ont toujours étés et seront toujours considérés comme des valeurs sûres, car en constante augmentation sur du moyen-long terme, mais également en constante utilisation.
Les bijoutiers ont besoin d'or, mais également les fabricants de composants électroniques, il y a pourtant de moins en moins d'or en circulation car la planète n'a pas un stock d'or illimité, il faut le trouver et il n'y en a qu'une certaine quantité.
Les cryptos sont de nouvelles technologies financières sur lesquelles n'importe qui peut investir, stocker et échanger de manière simple et sécurisée. Il est donc important de voir le potentiel derrière cette technologie.
Si certains n'achètent des cryptos "que" pour les utiliser, beaucoup en achetent sur du long terme en tant que valeur refuge.
Il faut en effet se voir comme visionnaire lorsque l'on investi sur une nouvelle technologie si cette dernière est preuve d'une réelle inovation.

Etre visionnaire est avant tout investir sur un projet en lequel on a d'intimes convictions quant à son utilité dans un futur proche, et que les équipes derrière ce projet produiront une technologie inimitable ou pouvant mettre trop de temps et coûter trop d'argent pour être recréée par n'importe qui.

Si le bitcoin à su faire ses preuves quant à son potentiel, d'autres cryptos ont également explosées en terme de prix et d'utilisation.
Alors se demander pourquoi acheter des cryptomonnaies reviendrait à se demander pourquoi acheter des produits sur Amazon plutôt qu'à l'hypermarché du coin, ou pourquoi utiliser des SMS pour se parler alors qu'on peut voir directement les personnes pour leur parler.
Les cryptos ne sont pas la pour changer complètement le monde mais pour simplifier et apporter des solutions pour le bien de tous.
Prenons par exemple une Crypto existante permettant de vendre sa propre électricité produite par ses propres soins. Imaginons que vous ayez un panneau solaire, vous pourriez, grâce à une application, toucher des revenus en vendant votre électricité. D'autre cryptos existent également pour vendre la puissance de calcul de son ordinateur ou bien même l'espace de notre disque dure que nous n'utilisons pas. C'est une manière de générer des fonds instantanément de différentes manières.
Certaines applications permettent également de prêter ses cryptos contre intérêts de manière sécurisée, simplement et sans entité tierce qui pourrait bloquer nos fonds ou modifier les conditions de contrats.

Je ne cite aucun nom car ce livre n'est en aucun cas un conseil en investissement, je ne vous aurait pas dit d'investir sur Encarta dans les années 90 sachant que wikipedia allait faire son entrée quelques années plus tard !

Contrairement à la finance traditionnelle, il est très simple d'investir sur la crypto, vous le verrez plus en détail dans le prochain chapitre.
Actuellement, dans la plupart des pays, le peuple peut échanger sa monnaie locale contre des cryptos, ce qui fait que son adoption devient massive par sa simplicité d'acquisition et d'utilisation.

Malgré l'image qu'on la plupart des gens n'ayant pas encore investis, nous n'avons pas besoin d'être geek pour acquérir des cryptos, du moins, ce n'est plus le cas aujourd'hui. Comme nous n'avons pas besoin d'être geek afin de savoir utiliser google. En effet, la cryptos devient de plus en plus à porté de tous.

Non seulement l'utilité des cryptos n'est plus à démontrée, mais énormément de gens sont devenus plus riches en investissant sur la crypto plutôt qu'en investissant dans un appartement ou maison.

Si en effet des gens s'endettent sur plus de 20 ans afin d'acquérir un bien immobilier, ceux ayant investi sur les cryptos ne doivent généralement attendre que 3 ans avant d'être rentables (pour le Bitcoin), en tout cas jusqu'à aujourd'hui.

Faire un "fois 2" ou multiplié par deux sont investissement est fréquent mais est également risqué, c'est pourquoi il est toujours conseillé d'investir que ce l'on est prêt à perdre et ne pas utiliser des fonds que nous ne sommes pas pret à garder sur du long terme quelques soit les variations du marché.

Si vous investissez plus que ce dont vous êtes prêts à perdre et que vous constatés une perte de 60%, vous aurez envie de récupérer ce qu'il vous reste et perdrez donc à cout sûr ces 60%. Hors si vous patientez, vous pourriez en effet voir cette valeur se multiplier sur du long terme.

D'où l'importance de n'investir que ce dont on est prêt à perdre et ne jamais être ni trop gourmand ni paniqué.

Lorsque l'on voit l'état actuel du schéma économique et que l'on voit également que le numérique est en pleine essor dans différents domaines, la crypto apparait alors comme une innovation certaine dans le domaine des nouvelles technologies financières (FinTech).

Il est important également de savoir qu'arrivé a un certain point, la crypto ne sera plus aussi "intéressante" en terme de profit qu'à l'heure actuelle.

En effet, lorsque ces dernières atteindront un certain prix et qu'elles seront utilisés massivement, elles trouveront alors un tarif stable, probablement croissant sur du long terme, mais avec beaucoup moins de volatilité qu'actuellement.

Après tout, pourquoi acheté du Bitcoin si il vaut 1 jour 100.000euro et le lendemain 10.000 euros? Ces variations ne se produiront plus car il n'y aura ni d'achats ni de ventes massives, même si une énorme quantité de personnes venait à vendre, cela n'aurait pas d'impact aussi conséquent sur le prix de l'actif.

Rien ne dit qu'à la sorti de ce livre les cours ne chutteront pas de 30% dans les prochains mois, mais tout porte à croire que plusieurs années plus tard leurs cours soit supérieurs au cours actuel. Mais encore une fois, rien n'est sûre, tout n'est que conviction et il faut toujours investir de manière raisonnée en calculant le risque de perte par rapport aux gains potentiels (appelé ratio risk reward).

Aujourd'hui il est important de diversifier ses placements et que ces derniers se fructifient dans le temps. En effet, vous vous êtes probablement souvent dis que certains arrivent à gagner des fonds en étant rentiers alors que vous n'en aurez jamais la capacité.

Or, tout vient de votre éducation financière, si l'on a pas forcément les moyens, que l'on touche le minimum légal alors que l'on travail 39h par semaine, que les 3/4 de la paie part dans les factures, et que le quart restant part dans les petits plaisirs de la vie quotidienne, nous n'avons pas l'impression de pouvoir épargner.

Mais il faut savoir que les petits grains de sables font les grandes plages. Il vous faudra alors épargner un minimum régulièrement tout en vous assurant que cette épargne travaille et vous rapporte d'autres fonds.

Ces autres fonds peuvent alors être réinvestis et plus il y aura d'intérêts qui travaillent en plus de votre investissement, plus vos gains seront exponentiels.

Nombreuses sont les personnes qui ne voulaient pas investir dans le Bitcoin lorsqu'il coutait 1200euros, car après tout c'est une paie par mois au minimum légal. Et il n'aurait pas voulu investir 120euros non plus pour avoir 0.1 Bitcoin car pour eux, avoir 10 centimes de Bitcoin ne rimait à rien. Cependant ces personnes n'auraient eut aucun soucis à acheter 10grammes d'or à 350euro.

Il est donc important de savoir qu'il est intéressant de ne pas mettre ses œufs dans le même panier et d'investir sur différents produits d'épargne.

Si vous pouvez acheter 1gramme d'or par mois plutôt que commander de la nourriture en livraison pour le même prix, faites donc, tant que cela ne vous prive pas d'un réel besoin. Mieux vaut être heureux en partant de pas grand chose que riche rapidement et en mauvaise santé mentale.

Cela dit aujourd'hui beaucoup investissent leurs fonds dans des besoins superficiels car ils sont lobotomisés par les publicités, ont besoin d'un smartphone à 1500euros alors qu'ils en rachèteront un nouveau 3ans plus tard au même prix par habitude. Mieux vaut alors gérer au mieux ses économies et savoir comment ne pas perdre de fonds par soucis de se plier aux consommations excessives et inutiles, à moins biensûr d'en avoir les moyens et de ne pas regretter de ne pas pouvoir investir.

Investissez donc intelligemment car c'est petit à petit que se forme une épargne de qualité.

CHAPITRE 3

Où Acheter ?

Les bons comptes font les bons wallets

Il existe aujourd'hui différents moyens d'acquérir des cryptos.
Des plateformes d'achat en ligne aux plateformes de mises en relation de particuliers, en passant par les distributeurs automatiques, ils existent aujourd'hui de nombreux moyens d'acheter des cryptos.

Plusieurs facteurs sont à prendre en compte. La légitimité du moyen que vous utilisez, les frais engendrés par l'achat, et la facilité de retrait de ses cryptos.

Achat auprès de particuliers :

Il existe des plateformes de mise en relation de particuliers afin d'entreprendre ce type de transaction.
Cependant je déconseillerai d'acheter directement à des particuliers, à moins que ces derniers ne disposent des factures d'achat prouvant leurs achats de Cryptos et donc leur provenance.

Si vous acheter des Cryptos à un ami ou membre de la famille, le mieux est d'avoir sa propre facture d'achat, une photocopie de sa pièce d'identité ainsi qu'un papier de sa part stipulant la revente de ses actifs où figure également votre identité.

Il vous faudra également avoir total confiance en ce particulier, en effet, de nombreuses personnes sont tombés dans des "guet-apens" en voulant acheter des Cryptos en cash à des particuliers.

Certains Bitcoins peuvent être "Sales" ou avoir servis à des échanges criminels avant de vous être revendus, et la plupart des cryptos étant traçables, il vaut mieux en connaitre la provenance avant de les stocker et les revendre un jour.

Achat en distributeurs :

Les distributeurs de cryptos sont disponibles un peu partout dans le monde, Plus de 17000 distributeurs sont répartis actuellement sur tous les continents.

Les frais sont cependant assez élevés et acheter en distributeur n'est bien que pour les utilisateurs ayant besoin de payer un produit ou service en cryptos sur place (et oui, certains préfèrent déjà être payés en cryptos plutôt qu'en cash!). Vous pourrez trouver en fin de livre le lien vers la carte des distributeurs cryptos et zoomer sur les endroits désirés.

Vous verrez ci dessous la carte non exhaustive des distributeurs et à quoi ressemble un ATM Crypto.

Achat sur plateformes d'achat en ligne :

La manière la plus commune est de passer par une plateforme d'achat en ligne. Plusieurs existent aujourd'hui, mieux vaux choisir une plateforme réputé pour ses frais bas et sa sécurité.

En effet, aujourd'hui, certaines plateformes peu scrupuleuses achètent elles mêmes des cryptos sur une une plateforme à laquelle vous pouvez vous même accéder en tant que particulier, et vous revendent ces cryptos à un tarif plus élevé, en y ajoutant une ou plusieurs commissions supplémentaires.

Par exemple, vous achetez sur la plateforme A , du Bitcoin à 50.000e, mais la plateforme B vous le vendra à 55.000e + un frais fixe de 10e par transaction + 10% de frais, vous aurez alors acheté du Bitcoin 20% plus chère et serez donc en perte de 20% dès votre premier achat.

Mieux vaux donc limiter un maximum les frais et acheter sur une plateforme de confiance qui n'abuse pas sur les frais.

Il faut cependant savoir que les cryptos n'ont pas de tarifs universels, en effet, ils sont plus ou moins élevés en fonction des plateformes, par exemple, la plateforme "A" peu proposer un Bitcoin à 50.100e, la plateforme "B" à 50.150e, la plateforme "C" à 50.180e.

Ces 3 plateformes ont différents tarifs car l'offre et la demande n'est pas la même sur chacune de ces plateformes, autrement dis, les personnes achetant et vendant les cryptos sont différentes sur chacune des plateformes.

Les tarifs sont quasiment similaires, en effet, ils existent de nombreuses personnes qui sont inscrites sur différentes plateformes et font ce que l'on appel de l'arbitrage, elles achètent sur une plateforme et revendent sur une autre afin d'encaisser la différence et d'équilibrer le prix global sur toutes les plateformes.

Ne choisissez pas forcément la plateforme proposant le plus bas tarif. Choisissez plutôt la plus légitime, la plus connue et recommandée. Vous retrouverez le lien vers la plateforme que nous recommandons en fin de livre, rubrique "liens".

La sécurité de la plateforme est également à vérifier, vous retrouverez les conseils plus approfondis en terme de sécurité dans notre livre dédié à la sécurisation de vos cryptos.

Comme dit précédemment, la provenance de vos Bitcoins est importante, c'est pourquoi acheter sur une plateforme en ligne réputé est important afin de garantir la provenance et assurer la possibilité de revente des cryptos contre de l'euro sans accrocs.

Achat en OTC (Over The Counter) :

L'achat en OTC est la plupart du temps réservé aux investisseurs dotés de gros capitaux. En effet, ces derniers qui veulent acheter de grosses quantités de Crypto peuvent faire appel à des courtiers leur proposant un tarif préférentiel car ils achètent en gros.

Je pense que si vous lisez ce livre vous n'êtes pas forcément dans ce cas de figure car ceux qui achètent en OTC sont souvent assisté par un CGP (Conseiller en Gestion de Patrimoine), qui a alors les relations nécessaires pour vous conseiller un courtier intéressant.

Cela dit, il est intéressant de savoir que cela existe, certains n'ont pas forcément de CGP et veulent convertir une grosse partie de leurs épargne ou assurance vie ou autre en cryptos, afin d'avoir un fort potentiel de gain car plus la somme investie est conséquente, plus les gains peuvent être potentiellement pharaoniques.

Certains veulent également revendre un paquet d'actions boursières afin de les investir sur la crypto, ils passent alors également en OTC afin de bénéficier du meilleur tarif.

CHAPITRE 4

Comment Acheter?

CB, Virement, Echange, Cash, Service ? Buy Cryptos , Bye Banks

Distributeurs / ATM Cryptos :

Vous devrez d'abord vous assurer que le distributeur propose bien la crypto que vous désirez acheter, si certains ne proposent qu'un type de crypto, d'autres en proposent différentes. Vérifiez donc cela sur l'interface du ditributeur.

Pour acheter en distributeur, vous devrez disposez d'une application mobile afin de vous créer un portefeuille crypto et ainsi recevoir ces dernières.
En fonction du distributeur, vous devrez choisir la crypto que vous désirez acheter et renseigner le montant de cash que vous désirez convertir.
Vous devrez ensuite renseigner votre adresse du portefeuille de la crypto sélectionnée.

Vous devrez alors rentrer votre cash dans la machine afin de les recevoir instantanément sur votre portefeuille.
Un récépissé vous servant alors de facture vous sera alors remis par la machine ou figurera la date d'achat, le montant en euro payé, le montant en crypto reçu et le montant des frais appliqués.

A savoir que certains distributeurs fonctionnent dans les deux sens, vous pourrez donc envoyer des cryptos à la machine depuis votre application de portefeuilles et récupérer du cash.

Veillez à bien garder la facture comme dit précédemment si vous comptez les revendre plus tard, mais comme je vous l'ai dis, ces ATM sont généralement utilisés par les étrangers en vacances afin de retirer de l'argent local, ou utilisés par des utilisateurs de Crypto désireux d'acheter en cash et de payer ensuite un commerçant ou un service en crypto dans la foulée.

Plateforme en ligne (exchange) :

Lorsque vous désirez acheter sur une plateforme en ligne, vous devrez d'abord vous y inscrire. Il vous faudra vérifier votre identité, cette étape est très importante car vous ne pourrez pas effectuer de transaction sans cette vérification (Appelée "KYC" soit "Know Your Customer").
A l'image d'une banque, la plateforme se doit de vérifier votre identité ainsi que votre domiciliation afin d'être droit avec les pays du GAFI (Groupement d'Actions Financières). Ces pays partagent les informations financières de leur pays afin de lutter contre le blanchiment et le terrorisme.
N'ayez donc aucune crainte de fournir votre identité, ces plateformes ne font pas ça pour revendre vos informations et ces dernières sont protégées et inaccessibles (encore une fois vérifier quand même la légitimité de la plateforme sur laquelle vous investissez).

Il vous faudra également communiquer à votre pays de résidence fiscal les informations de la plateforme que vous utilisez.
Renseignez vous donc auprès de votre conseiller crypto, conseiller financier, ou simplement le fisc de votre pays de résidence fiscale.
En effet, il est toujours mieux d'être en règle lorsque l'on commence à investir, afin de n'avoir aucune surprise à venir.

Ce livre étant destiné à un public francophone résidant n'importe où dans le monde, je ne peux vous conseiller quant aux règles fiscales de votre pays vis à vis des cryptos, qui peut être très souple, très rigide ou plutôt compréhensif.
Les souples ne vous demanderont alors aucun compte, les rigides vous amenderont sévèrement, et les compréhensives vous demanderons simplement de déclarer car ils ont vu que vous aviez un compte sur plateforme.
Il est important de déclarer également car lorsque vous effectuerez un échange de cryptos contre votre monnaie locale, vous recevrez alors un virement sur votre compte bancaire, et votre banque (encore une fois en fonction du climat financier de votre pays), vous demandera des comptes.

Si votre banque reçoit un virement assez conséquent, cette dernière peut décider de fermer votre compte sans aucun motif car elle a peur de la provenance/de l'origine de ces cryptos.
Elle peut également simplement vous demander leur preuve d'achat, ainsi que vérifier si vous avez bien déclaré votre compte sur cette plateforme auprès des services fiscaux de votre pays de résidence.

En effet, vous ne serez pas sans savoir que la plupart des instituts financiers sont régis par les lois de la lutte anti blanchiement et antiterrorisme, et ne sauraient se permettre d'avoir un client tentant de recevoir un virement suspect sur sont compte bancaire. Ils doivent donc être sûrs de la provenance.

Vous pourrez acheter, sur ces plateformes, généralement par carte bancaire avec des frais, ou par virement bancaire sans aucun frais.

Dans le cadre d'un virement :

Sur la plateforme, vous trouverez votre RIB personnalisé auquel vous devrez faire un virement depuis votre banque.

Une fois vos fonds déposés sur la plateforme, vous pourrez alors choisir quelle(s) crypto(s) acquérir, vous pourrez très bien acheter une petite portion de plusieurs cryptos, ou tout mettre sur une seule crypto.

Vous pourrez également tout à fait laissez vos fonds sur la plateforme et acheter plus tard lorsque le cours de la crypto que vous désirez acheter aura chuter (si vous pensez qu'il peut chuter), l'intérêt sera alors d'avoir la liquidité déjà présente sur la plateforme afin d'en disposer lorsque vous désirerez acheter.

Dans le cadre d'un paiement par carte :

Sur la plateforme, vous aurez juste à sélectionner le paiement par carte bancaire en tant que moyen de paiement.

Vous devrez ensuite sélectionner la crypto que vous désirerez acheter, à la différence du virement, vous ne pourrez pas acheter directement plusieurs cryptos par carte, ou bien il vous faudra effectuer plusieurs transactions indépendantes (exemple, 50e d'Ethereum, puis 80e de Bitcoin, puis 30 euros de Litecoin).

Vos cryptos seront alors directement crédités sur votre compte de la plateforme.

Veillez à toujours imprimer vos factures d'achats et faire votre rapprochement bancaire en imprimant également votre relevé bancaire sur lequel figure votre achat.

Si la plateforme d'achat ne propose pas de factures, veillez à faire des screenshots (impressions d'écran) de la page ou figure votre achat, la date, le montant en euro, et le montant de cryptos reçus, veillez également à ce que cela soit suffisant pour les services fiscaux de votre pays.

En effet, ce livre ne propose pas de conseil fiscal, étant donné que la fiscalité dépend de chaque pays.

Je ne saurai donc que vous conseiller de vous rapprocher des services fiscaux de votre pays de résidence, ou à défaut de réunir un maximum de preuves afin de montrer votre bonne foi.

Achat auprès de particulier:

Des sites internet proposent aujourd'hui de vous mettre en relation avec des personnes souhaitant vendre leur cryptos contre du cash, paypal ou encore coupons PCS (disponibles en bureau de tabac).

Certains sites sont plus ou moins sécurisés, en effet, il faut pour la plupart s'enregistrer avec une pièce d'identité afin d'éviter toute mauvaises surprises lors de la transaction. Cependant il existe également des sites internet sans vérification (fortement déconseillé) où les utilisateurs peuvent se donner rendez vous afin d'entreprendre la transaction.

Encore une fois, acheter à un particulier n'est pas la meilleure manière d'investir.

Cependant si un ami ou membre de la famille souhaite vous vendre de la crypto, il vous suffira alors la payer et cette dernière vous enverra les cryptos depuis sont application de portefeuilles vers la votre.

Comme dit précédemment, il faudra qu'il vous transmette sa facture d'achat et fasse un papier comme quoi il vous vend ces cryptos et vous fournisse une copie de sa pièce d'identité.

Pensez que votre facture d'achat est tel un certificat d'authenticité pour l'or, important pour le jour de la revente, car si vous achetez pour quelque centaines d'euros et que ces derniers se transforment en plusieurs milliers/millions, il vous faudra alors prouver la provenance de ces fonds lors de la revente.

Services :

Cela concerne plus les entrepreneurs ou les gens recevant des pourboires, il vous suffira alors de fournir votre adresse de portefeuille à la personne désirant vous payer en cryptos. Vous serez alors aptes à recevoir le paiement en quelques secondes, quelque soit la distance qui vous sépare.

CHAPITRE 5

Quoi Acheter?

Or numérique, argent, diamants, sable?

Les cryptos sont si nombreuses aujourd'hui que vous ne saurez pas où donner de la tête dans un premier temps.
Imaginez que vous aviez de l'argent à investir sur un projet de site internet plus que prometteur, ou sur la prochaine société travaillant sur un moteur à énergie libre (RIP Nicolas Tesla..).
Il est en effet très difficile lorsque l'on découvre le monde de l'investissement de choisir sur quel produit investir.

Le projet va t il être mené à terme? Ne va t il pas être abandonné ou racheté par un autre? Son projet est il légitime? En quoi est il révolutionnaire? L'équipe dispose t elle des moyens nécessaires au bon développement du projet? La roadmap (feuille de route) est elle claire et innovante? Autant de questions auxquelles vous devrez par vous même trouver des réponses.

La plupart des investisseurs cryptos commencent dans un premiers temps à investir sur les cryptos ayant déjà fait leurs preuves et déjà étés largement adoptés (Bitcoin, Ethereum, Litecoin).
Les autres recherchent sans arrêt la pépite, le prochain Google, le prochain Amazon, le prochain Apple, qui saura trouver un maximum d'utilisateurs afin que sa crypto prenne en valeur.

Dans ce milieu, les investisseurs se passionnent pour ce nouveau monde et recherchent à investir d'une part pour donner du poids aux projets qu'ils soutiennent, d'autre part pour être "early adopters" (faire parti des premiers ayant foi en des projets novateurs) et voir les projets se développer sur du long terme.

Évitez également de vous faire influencer par les tarifs, il n'est pas judicieux d'investir sur une crypto ayant pris 50% de valeur, en pensant qu'elle prendra 1000%. Car elle chute généralement après une grosse montée en valeur.

Petit court de psychologie de marché :
Psychologiquement, monsieur et madame tout le monde investissent généralement quand le marché est vert (en monté) plutôt que rouge (en chute) et il se trouve que leurs investissements dévaluent rapidement quelques jours ou semaines plus tard. On appel cela l'effet FOMO (Fear Of Missing Out, ou la peur de louper le train).

A l'inverse nous avons l'effet de panic sell (vente sous panique), où ces mêmes monsieur et madame tout le monde revendront à perte leurs investissements lorsque les cours chuteront car ils auront peur de perdre l'intégralité de leurs investissements et voudront limiter la casse.

C'est pour cela qu'il ne faut pas s'improviser trader et se laisser berner par les prix.
La majorité des néo-investisseurs ne veulent pas investir sur le Bitcoin, car ils disent qu'il est déjà trop chère. Ils préfèrent alors investir sur des cryptos ne coutant que quelques centimes, sans même savoir quelle projet est derrière. Comme dit précédemment, préféreriez vous acheter 10 kilos de Sable ou 1 gramme d'or pour le même prix? Le sable à beau concevoir des miroirs, il ne se revendra jamais à prix d'or car ce dernier est en quantité astronomique, peut se reproduire et ne manquera sans doute jamais à la vue de sa faible utilisation.
Il en va de même pour les cryptos, certaines valent peut être 0.25e mais ne vaudront jamais plus (hors spéculation) car il y en a des centaines de milliards en circulation.

Il est donc important, pour investir intelligemment, de connaitre le produit sur lequel on investi, connaitre ses fondamentaux, le nombre total d'unités prévu en circulation, voir si le projet est réellement solide en faisant un maximum de recherche dessus, et connaitre l'avis de personnes expérimentés dans le domaine des cryptos actifs (nombreux sont les banquiers ayant déconseillés depuis des années l'investissement sur la crypto, nombreux sont les médias diffusant de la désinformation également). En effet, les banques préfèrent acheter de la crypto et vous proposer d'investir dessus, gardant ainsi la main sur vos fonds, et si une crise apparait, vos fonds seront bloqués et utilisés pour renflouer leurs caisses..

Hors il serait complètement paradoxale d'acheter de la crypto à sa banque, cela reviendrai à acheter du fer pour fabriquer nos barreaux de prison ! Mieux vaux acheter du fer pour fabriquer un navire qui nous fera naviguer ensemble vers de nouveaux horizons !

Plusieurs sites internet gratuits vous permettent de consulter l'intégralité des cryptos sur le marché, vous permettant alors de commencer votre investigation. Ils sont vraiment indispensables dans votre démarche d'investissement.

En effet, ces sites répertorient :
-Le classement des cryptos par capitalisation (le montant total investi en monnaie fiduciaire dessus)
-Leurs noms et Abrévations (ex Bitcoin - BTC)
-Leurs cours actuels (montant d'une unité de cet crypto en euro ou dollar)
-Leurs pourcentages de gain ou de perte cette dernière heure/24h/semaine
-Le montant investi dessus ces dernières 24h
-Le montant total de leur capitalisation
-Un petit graphique de leur évolution au cours des 7 derniers jours.

Ci dessous un exemple des 5 premières cryptos affichées sur l'un de ces sites
(Lien fourni en fin de livre rubrique liens).

#	Monnaie			Cours	1 h	24 h	7 j	Volume sur 24 h	Capitalisation du marché	7 derniers jours
☆	1	Ⓑ Bitcoin	BTC	42 655,09 €	0.5%	6.5%	10.6%	38 626 964 315 €	794 758 728 018 €	
☆	2	♦ Ethereum	ETH	1 400,99 €	1.2%	5.5%	14.1%	26 755 480 904 €	160 998 135 771 €	
☆	3	◇ Binance Coin	BNB	199,37 €	-0.4%	6.0%	6.2%	1 541 695 317 €	30 816 061 089 €	
☆	4	◈ Tether	USDT	0,842490 €	0.5%	0.0%	2.1%	67 767 197 366 €	30 723 406 604 €	
☆	5	◉ Cardano	ADA	0,953223 €	0.6%	1.7%	-14.3%	4 283 737 340 €	30 441 294 025 €	

Ces infos sont très importantes et tous les investisseurs, qu'ils soient particuliers ou professionnels, consultent ce genre de sites afin d'avoir un aperçu global du marché des cryptos en un clin d'oeil.

Le Bitcoin à toujours été et restera sans doute toujours en première position à la vue de sa capitalisation occupant plus de 50% de la totalité du marché des cryptos à lui seul.
Au delà de ces informations, ces sites ont une panoplie d'outils gratuits vous permettant de prendre connaissance d'un grand nombre de données sur ces actifs.

Lorsque vous cliquez sur l'une des cryptos, vous aurez à nouveau accès à une page vous répertoriant toutes les infos nécessaires sur l'actif sélectionné, comme vous pourrez le constater page suivante.

Vous retrouverez sur cette page non seulement les informations en temps réel sur la crypto, mais également des liens vers :

-Son site web, ou vous pourrez en apprendre plus sur cet actif (et consulter son "WhitePaper" (projet expliqué en totalité).

-Son explorateur de transactions (blockchain) où vous pourrez consulter l'historique de toutes les transactions ou vérifier l'une de vos transactions.

-Le nom de certains portefeuilles vous permettant de stocker cette crypto.

-Les communautés qui discutent de ce projet (forums/réseaux sociaux).

-Le code source (pour les développeurs curieux de connaitre son architecture).

Vous aurez également accès aux marchés (plateformes qui vendent cette crypto), son graphique et toutes les données chiffrées y afférant.

CHAPITRE 6

Combien Acheter ?

Chacun sa route, chacun son chemin

Certains ont échangés tout ce qu'ils possédaient, maison, voiture, épargne, sont partis vivre de rien en attendant sagement quelques années. D'autres sont devenus multimillionnaires en investissant quelques dizaines ou centaines d'euros au bon moment et en attendant la flambée des cours.

Cela fait rêver, mais ce livre n'est pas la pour vous vendre du rêve, juste vous apprendre à comment investir intelligemment afin de ne pas être déçu, sous pression, ou impatient.

En effet, la crypto est un pari d'avenir, le montant que vous investissez ne doit donc en aucun cas vous rendre dépressifs, addicts, tristes ou appauvris. La règle d'or est de n'investir que ce dont vous êtes prêt à perdre, ou de n'investir qu'un certains pourcentage de votre épargne, car tout investisseur investi ses fonds en mesurant les risques de perte.

En effet, plus le risque peut être grand, plus le pourcentage investi dédié à vos investissements doit être faible.

On dit également qu'il ne faut pas mettre tout ses œufs dans le même panier, c'est à dire varier un maximum ses investissements.

C'est comme cela que si une perte trop forte se fait ressentir sur un actif à risque, cette perte est absorbée par les gains d'un autre actif moins risqué.

Le montant de votre investissement ne dépend alors que de vous, le mieux reste toujours d'investir petit à petit le même montant chaque mois par exemple.

Les traders attendront le meilleur moment pour acheter une forte quantité au tarif le plus bas, mais en tant que particulier, rien ne sert de jouer les traders, mieux vaus investir une petite partie régulièrement afin de "lisser" son investissement.

C'est à dire que si un mois vous avez achetez plus chère qu'un autre mois, alors votre moyenne sera raisonnable, tandis que si vous achetés une grosse quantité et que le prix chute brutalement, vous perdrez plus que si vous aviez acheté à intervalles réguliers.

Pour conclure, vous et vous seul devez savoir combien acheter.

Pour 1000euro d'investissement, il y a des gens qui aiment placer 10euros sur une centaine de cryptos et attendre plusieurs années que l'une ou plusieurs d'entre elles connaissent le même sort que le Bitcoin.

Certains préfèrent investir sur le top 10 (10 plus grosses capitalisations) uniquement afin de suivre les plus gros investisseurs.

D'autres n'investissent que sur le Bitcoin et l'Ethereum ou recherchent des concurrents potentiels.

Vous et vous seul êtes maitre de vos investissements, faites donc vos propres recherches et n'hésitez pas à consulter la communauté sur des forums lorsque vous aurez des questions concrètes et maitriserez votre projet.

Evitez à tout prix de débarquer sur un forum et de demander à être assisté de A à Z, nous vivons à une époque où tout est disponible en ligne et cela est très mal vu dans la communauté crypto, de voir une personne posant des questions du type "comment devenir riche" ou "qu'est ce que je dois acheter?".

En effet, chacun ses convictions, vous ne débarquez pas dans une réunion de spiritualité en disant "quelle religion dois je adopter?" ou "Comment aller au paradis de manière simple et sans efforts?" !!

Et bien il en va de même pour les cryptos, en revanche, les communautés se font un réel plaisir d'aider les plus novices désireux de se passionner par ce nouveau monde car les raisons de la création du Bitcoin (la première des crypto) est avant tout une cause des plus nobles et démocratiques.

CHAPITRE 7

Quand Vendre ?

Bye Cryptos, Hello New Life

Il est toujours préférable de se fixer un objectif lorsque l'on investi, que l'on souhaite se constituer une retraite, mettre de coté une épargne juste pour se protéger des futurs crises économiques ou simplement diversifier son portefeuille d'investissement, l'objectif premier est toujours le plus important.

Il y a également des profils qui n'investissent que pour faire fructifier une épargne sur du moyen terme.
Beaucoup se constituent également plusieurs portefeuilles, un court, moyen et long terme.

La revente dépendra donc de vos objectifs premiers, les puristes comme moi vous diront que le meilleur moment de revendre sera le moment ou vous n'aurez pas besoin de revendre!
Autrement dit le moment où tout pourra se régler en cryptos, votre maison, vos factures, services et commerçants.

En effet, à ce moment là, la crypto ne devrai plus être aussi volatile car comme on dit, il est possible aujourd'hui d'acheter une voiture ou appartement en crypto, mais si la crypto continue dans sa montée, vous pourriez acheter plusieurs voitures ou appartements avec le même montant en patientant.

Vous ne serez pas sans savoir qu'un utilisateur s'est fait livrer 2 pizzas pour 10.000 Bitcoins le 22 mai 2010. Soit ma maudique somme de 470millions d'euros aujourd'hui !
Ce développeur a donc laissé son nom à jamais dans l'écosystème crypto et nous fêtons tous les 22 Mai le "Pizza Day" partout à travers le monde dans les communautés crypto !

Vendez donc lorsque vous aurez soit atteint vos objectifs premiers, soit biensûr lorsque vous aurez besoin de ces fonds.

Vous l'aurez sans doute devinez, vous pourrez tout à fait revendre qu'une partie de vos cryptos, elles sont divisibles donc vous pourrez sans problème récupérer le montant que vous désirez, quand vous le désirez.

Il existe même aujourd'hui des cartes bancaires contenant un portefeuille crypto (la plateforme que je vous fourni dans les liens vous en propose une gratuite) qui vous permettra de dépenser vos cryptos dans n'importe quel commerce.
Visa ayant des partenariats crypto, ces dernières seront alors instantanément convertis en argent local lorsque vous paierez le commerçant lors de votre paiement par carte.

Liens

Site de Crypto Angel / Jack K
www.cryptoangel.c.la

Carte des Distributeurs Cryptos
https://coinatmradar.com/

Achat/Echange/Vente de Cryptos (+CB Crypto)
Https://cutt.ly/DhqX6Uu

Liste et Infos des Cryptos
Https://www.coingecko.com/fr

Remerciements

Je tiens à remercier les équipes de La Maison Du Bitcoin, de Coinhouse, de Ledger, de SafePal qui ont largement contribués à ma formation en continue dans le domaine des cryptos, qui ont fait confiance en ma personne autodidacte, créatrice et innovante qui à su trouver les infos par moi même ou il fallait pour développer leur activité ou imaginer de nouvelles possibilités.

Un grand Merci à Eric Larchevec et Manuel Valente, mes 2 mentors depuis 2016.
Merci à Daouda Niang, mon accolyte qui m'a fait découvrir le Bitcoin en 2012 et fait une piqure de rappel en 2016!

Je tiens à remercier tous les clients qui ont su saluer ma pédagogie et me sollicitent toujours après plusieurs années pour les former aux nouveaux outils, répondre à toutes leurs interrogations ou les tenir au courant de l'actualité crypto.

Et je vous remercie vous, lecteurs, sans qui l'élaboration de cet ouvrage n'aurait aucun sens :)

En espérant que ce dernier ait bien été assimilé et qu'il vous aidera à découvrir un nouveau monde merveilleux !

 Mes Accès

Date d'inscription : ....

Plateforme : ....

Email : ....

Mot de passe : ....

Identifiant : ....

- -

Mes Achats

Date : ...../...../20..... Crypto : .... Montant euro/crypto : ..../.............

Date : ...../...../20..... Crypto : .... Montant euro/crypto : ..../.............

Date : ...../...../20..... Crypto : .... Montant euro/crypto : ..../.............

Date : ...../...../20..... Crypto : .... Montant euro/crypto : ..../.............

Date : ...../...../20..... Crypto : .... Montant euro/crypto : ..../.............

Date : ...../...../20..... Crypto : .... Montant euro/crypto : ..../.............

Date : ...../...../20..... Crypto : .... Montant euro/crypto : ..../.............

Date : ...../...../20..... Crypto : .... Montant euro/crypto : ..../.............

Date : ...../...../20..... Crypto : .... Montant euro/crypto : ..../.............

Mes Achats

Date : ...../...../20..... Crypto : .... Montant euro/crypto : ..../.............

Date : ...../...../20..... Crypto : .... Montant euro/crypto : ..../.............

Date : ...../...../20..... Crypto : .... Montant euro/crypto : ..../.............

Date : ...../...../20..... Crypto : .... Montant euro/crypto : ..../.............

Date : ...../...../20..... Crypto : .... Montant euro/crypto : ..../.............

Date : ...../...../20..... Crypto : .... Montant euro/crypto : ..../.............

Date : ...../...../20..... Crypto : .... Montant euro/crypto : ..../.............

Date : ...../...../20..... Crypto : .... Montant euro/crypto : ..../.............

Date : ...../...../20..... Crypto : .... Montant euro/crypto : ..../.............

Date : ...../...../20..... Crypto : .... Montant euro/crypto : ..../.............

Date : ...../...../20..... Crypto : .... Montant euro/crypto : ..../.............

Date : ...../...../20..... Crypto : .... Montant euro/crypto : ..../.............

Date : ...../...../20..... Crypto : .... Montant euro/crypto : ..../.............

Date : ...../...../20..... Crypto : .... Montant euro/crypto : ..../.............

Date : ...../...../20..... Crypto : .... Montant euro/crypto : ..../.............

Date : ...../...../20..... Crypto : .... Montant euro/crypto : ..../.............

Date : ...../...../20..... Crypto : .... Montant euro/crypto : ..../.............

Date : ...../...../20..... Crypto : .... Montant euro/crypto : ..../.............

Date : ...../...../20..... Crypto : .... Montant euro/crypto : ..../.............

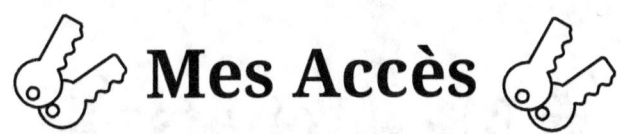

Mes Accès

Date d'inscription : ....

Plateforme : ....

Email : ....

Mot de passe : ....

Identifiant : ....

Mes Achats

Date : ...../...../20..... Crypto : .... Montant euro/crypto : ..../.............

Date : ...../...../20..... Crypto : .... Montant euro/crypto : ..../.............

Date : ...../...../20..... Crypto : .... Montant euro/crypto : ..../.............

Date : ...../...../20..... Crypto : .... Montant euro/crypto : ..../.............

Date : ...../...../20..... Crypto : .... Montant euro/crypto : ..../.............

Date : ...../...../20..... Crypto : .... Montant euro/crypto : ..../.............

Date : ...../...../20..... Crypto : .... Montant euro/crypto : ..../.............

Date : ...../...../20..... Crypto : .... Montant euro/crypto : ..../.............

Date : ...../...../20..... Crypto : .... Montant euro/crypto : ..../.............

 Mes Achats

Date : ...../...../20..... Crypto : .... Montant euro/crypto : ..../.............

Date : ...../...../20..... Crypto : .... Montant euro/crypto : ..../.............

Date : ...../...../20..... Crypto : .... Montant euro/crypto : ..../.............

Date : ...../...../20..... Crypto : .... Montant euro/crypto : ..../.............

Date : ...../...../20..... Crypto : .... Montant euro/crypto : ..../.............

Date : ...../...../20..... Crypto : .... Montant euro/crypto : ..../.............

Date : ...../...../20..... Crypto : .... Montant euro/crypto : ..../.............

Date : ...../...../20..... Crypto : .... Montant euro/crypto : ..../.............

Date : ...../...../20..... Crypto : .... Montant euro/crypto : ..../.............

Date : ...../...../20..... Crypto : .... Montant euro/crypto : ..../.............

Date : ...../...../20..... Crypto : .... Montant euro/crypto : ..../.............

Date : ...../...../20..... Crypto : .... Montant euro/crypto : ..../.............

Date : ...../...../20..... Crypto : .... Montant euro/crypto : ..../.............

Date : ...../...../20..... Crypto : .... Montant euro/crypto : ..../.............

Date : ...../...../20..... Crypto : .... Montant euro/crypto : ..../.............

Date : ...../...../20..... Crypto : .... Montant euro/crypto : ..../.............

Date : ...../...../20..... Crypto : .... Montant euro/crypto : ..../.............

Date : ...../...../20..... Crypto : .... Montant euro/crypto : ..../.............

Date : ...../...../20..... Crypto : .... Montant euro/crypto : ..../.............

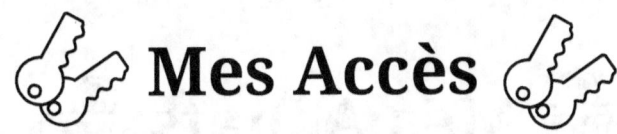

Mes Accès

Date d'inscription : ....

Plateforme : ....

Email : ....

Mot de passe : ....

Identifiant : ....

- - - - - - - - - - - - - - - - - - - -

Mes Achats

Date : ...../...../20..... Crypto : .... Montant euro/crypto : ..../.............

Date : ...../...../20..... Crypto : .... Montant euro/crypto : ..../.............

Date : ...../...../20..... Crypto : .... Montant euro/crypto : ..../.............

Date : ...../...../20..... Crypto : .... Montant euro/crypto : ..../.............

Date : ...../...../20..... Crypto : .... Montant euro/crypto : ..../.............

Date : ...../...../20..... Crypto : .... Montant euro/crypto : ..../.............

Date : ...../...../20..... Crypto : .... Montant euro/crypto : ..../.............

Date : ...../...../20..... Crypto : .... Montant euro/crypto : ..../.............

Date : ...../...../20..... Crypto : .... Montant euro/crypto : ..../.............

Mes Achats

Date : ...../...../20.....   Crypto : ....   Montant euro/crypto : ..../..............

Date : ...../...../20.....   Crypto : ....   Montant euro/crypto : ..../..............

Date : ...../...../20.....   Crypto : ....   Montant euro/crypto : ..../..............

Date : ...../...../20.....   Crypto : ....   Montant euro/crypto : ..../..............

Date : ...../...../20.....   Crypto : ....   Montant euro/crypto : ..../..............

Date : ...../...../20.....   Crypto : ....   Montant euro/crypto : ..../..............

Date : ...../...../20.....   Crypto : ....   Montant euro/crypto : ..../..............

Date : ...../...../20.....   Crypto : ....   Montant euro/crypto : ..../..............

Date : ...../...../20.....   Crypto : ....   Montant euro/crypto : ..../..............

Date : ...../...../20.....   Crypto : ....   Montant euro/crypto : ..../..............

Date : ...../...../20.....   Crypto : ....   Montant euro/crypto : ..../..............

Date : ...../...../20.....   Crypto : ....   Montant euro/crypto : ..../..............

Date : ...../...../20.....   Crypto : ....   Montant euro/crypto : ..../..............

Date : ...../...../20.....   Crypto : ....   Montant euro/crypto : ..../..............

Date : ...../...../20.....   Crypto : ....   Montant euro/crypto : ..../..............

Date : ...../...../20.....   Crypto : ....   Montant euro/crypto : ..../..............

Date : ...../...../20.....   Crypto : ....   Montant euro/crypto : ..../..............

Date : ...../...../20.....   Crypto : ....   Montant euro/crypto : ..../..............

Date : ...../...../20.....   Crypto : ....   Montant euro/crypto : ..../..............

Pensée de l'auteur

La crypto est pour moi le moyen de palier aux problèmes sociétaux et gouvernementaux, elle est pour moi un retour aux sources permettant à tout le monde d'accéder à de la valeur et de l'échanger librement sans aucune restriction. Si internet à permis la décentralisation de l'information, la crypto permet la décentralisation de la valeur.

J'aurai toujours foi en la science et les mathématiques, car le monde ne répond qu'à leur lois depuis la nuit des temps. Je n'ai toutefois aucune foi en un gouvernement qui conçoit des lois pour son propre intérêt et non l'intérêt mondial qu'il soit humain, animal ou écologique.

Jack Keyman

www.ingramcontent.com/pod-product-compliance
Lightning Source LLC
Chambersburg PA
CBHW070520220526
45467CB00002B/758